PLACE

AU PEUPLE

PAR

CROS, OUVRIER

PARIS

1869

SIX DÉPUTÉS POUR UN

Si le nombre des députés était plus considérable, cela seul rendrait plus facile l'accès de la représentation ; on pourrait alors voir quelquefois un homme du peuple passer de l'atelier au Corps législatif.

Je me hâte de dire que mon idée, si utopique qu'elle puisse paraître, n'est qu'à moitié inconstitutionnelle. En effet, le nombre des députés siégeants doit-il être augmenté ? Je ne le pense pas. Ce serait sacrifier la raison à la confusion.

*
* *

Conformément au mode actuel l'élection aurait lieu tous les six ans ; seulement, au lieu d'un seul député, la circonscription aurait à en élire six.

Les candidats élus, le sort consulté, siégeraient une année chacun successivement et dans l'ordre déterminé par le sort. Le moment est, je crois, assez propice pour hasarder l'exposé de mon système, un bon nombre de candidats préféreraient, à coup sûr, être élus pour une année au lieu de six, plutôt que de rester sur le carreau de la lutte électorale.

*
* *

En patronnant un seul candidat, le gouvernement fait plaisir à une seule famille. Par la pratique de mon système il se ferait cinq familles de plus d'amis au premier degré. L'opposition y trouverait aussi son compte ; mais un gouvernement qui sait faire le bien n'a rien à redouter de l'opposition. Dans notre pays, jusqu'ici, l'opposition n'a renversé que des gouvernements faibles ; faibles parce qu'ils ne s'appuyaient que sur une seule classe de citoyens.

*
* *

Un député nommé pendant quarante années consécutives et profitant de ses loisirs pour préparer son fils à la succession devient un obstacle tellement insupportable pour les ambitieux de l'endroit, qu'il serait déraisonnable de vouloir imposer silence à leurs murmures presque légitimes.

La nouvelle génération est grasse d'argent, elle aime à poser; les jeunes ambitieux, ne pouvant pas renverser monsieur un tel, candidat patronné, se ruent tous, irrités et furieux, contre le gouvernement. Ils s'imaginent de bonne foi détester le régime actuel, et ils ne haïssent que le trop de soleil répandu sur un seul candidat, sur une seule famille.

*
* *

En constatant les faits que je viens d'exposer, je n'entends pas critiquer les candidatures officielles devant les menées ardentes de l'opposition. N'est-il pas du droit, bien plus, du devoir du gouvernement d'indiquer aux siens le candidat qui, mieux que tout autre, peut marcher dans la voie de sa politique? D'ailleurs, lorsque le gouvernement fait choix d'un candidat, son intérêt ne le force-t-il pas à couvrir de son patronage un homme jouissant auprès de ses concitoyens d'une popularité notoire et méritée?

Mais il ne peut en choisir qu'un seul par circonscription, et ce n'est pas assez. Si mon système pouvait s'appliquer, bien des jalousies invétérées cesseraient de s'envenimer. Si l'honneur, le bonheur de représenter ses concitoyens, produit cet effet détestable, et il le produit, de faire brouiller entre eux les honnêtes gens, forcez-vous un peu. Divisez ce bonheur autant qu'il est possible ; vous en recueillerez sans aveu, en silence, de nombreuses, secrètes, intimes sympathies.

*
* *

Un gouvernement doit rechercher tous les moyens honorables d'augmenter sa popularité. C'est même absolument nécessaire aux intérêts bien compris de la société qu'il représente.

*
* *

Une raison semblerait préjudiciable à mon système de représentation. Il serait dommage, dira-t-on, qu'un député-orateur ne se trouve pas toujours à la chambre pour soutenir son parti ; à ce sujet on peut répondre que notre pays est fécond en orateurs. Des orateurs ! il n'en manquera jamais; d'ailleurs, les bonnes raisons cheminent paisiblement toutes seules sans le secours de l'éloquence. Toutefois le parti aurait à l'actif de sa force morale six hommes distingués au lieu d'un.

*
* *

Il y a des sources qui fournissent toute l'année un volume d'eau insignifiant; d'autres sources, appelées intermittentes, recèlent l'élément pendant un temps déterminé, et ensuite le projettent au dehors avec abondance. Il en serait de même pour les hommes que le scrutin aurait choisis. Ils apporteraient à la chose publique le résultat d'une longue méditation, et une année leur suffirait alors pour indiquer et défendre le bien qu'ils auraient conçu.

*
* *

En prenant pour titre : *Place au peuple*, je n'ai pas été assez naïf pour m'imaginer que, les ouvriers puissent arriver facilement à la candidature. Il faut du temps à tout, mais le temps nécessaire serait plus court. A propos de cela, je me rappelle une confidence que me faisait un jour un député, assis à côté de mon établi, attendant sa montre que je tenais encore dans les mains.

Il disait à peu près ceci :

*
* *

« Mon grand-père était ouvrier des champs, tout simplement journalier. Il n'entra pas au café une seule fois dans sa vie. Il se priva de tous les plaisirs pour pouvoir donner à son fils un état et un peu d'instruction. Mon père, son fils, était premièrement un ouvrier sans mérite ; à force de travailler il devint passable, ensuite patron, plus tard négociant ; ses concitoyens le nommèrent juge au tribunal de commerce ; il mourut ayant été président du tribunal de commerce de la ville qui m'a envoyé au Corps législatif. Comme vous pouvez bien le penser, dans son héritage j'ai trouvé la fortune et la considération.

Si on veut mêler la liberté à toute chose, assurément j'ai la liberté que tout le monde n'a pas ; par exemple d'aller passer trois mois en Italie, où je dépense dix mille francs. J'ai pu aussi pourvoir aux frais indispensables à la propagande d'une candidature. Mais nul n'aurait le droit d'être jaloux de ma position. Je suis l'égal d'un ouvrier, c'est vrai ; seulement j'ai cent ans de plus que lui par les miens. Faites pour vos enfants ce que nos pères ont fait pour nous autres, marchez dans la voie du travail et de l'économie. Marchez!... vous avez devant vous l'espérance, le temps, la possibilité. »

*
* *

Moi aussi je pense de même.

La bourgeoisie a le droit de revendiquer hautement le bénéfice des labeurs de ses ancêtres.

Ce serait une grave erreur de croire que le peuple raisonnable n'aime pas la bourgeoisie généreuse et raisonnable à son tour.

Mais une fraction de la bourgeoisie radicale a le cœur naturellement sec.

Elle revendique une chose bien autrement importante, et, à peu près, voici la base de ses prétentions :

*
* *

« Nous sommes plus instruits, par conséquent plus capables, plus civilisés que le restant de la nation ; nous devons savoir mieux gouverner !

Savoir gouverner est une affaire difficile ; ce métier-là s'apprend fort lentement, de longue main ; nous tenons le secret de père en fils. C'est à nous qu'appartient le droit de nommer les ministres. Nous réclamons énergiquement cette liberté. Veuillez bien comprendre qu'il est essentiellement désagréable que le fils d'un maître maçon puisse entrer dans l'artillerie, tout bêtement parce qu'il est sorti avec un bon numéro de l'Ecole polytechnique! Si nous nommions les ministres? avec le ciel on accommode? Oh! nous n'avons aucun souci pour ceux de nos enfants qui ont les premiers numéros. L'avancement, les honneurs les suivront partout et toujours; mais les autres, nos chers petits crevés indolents, justice pour eux ! Le gouvernement personnel ? horreur !.. Quel goût avez-vous là, ô cher peuple !... Un seul tyran... quelle vergogne !... prenez-nous donc, nous autres !... »

*
* *

Le gouvernement parlementaire est de son essence l'ennemi le plus acharné du peuple. Que Dieu en préserve notre chère patrie !

Ce système tant préconisé, tant vanté, sans cesse réclamé par l'aristocratie nobiliaire, bourgeoise ou démocratique, n'est pas l'affaire du plus grand nombre. C'est l'intérêt seul de toute sorte d'aristocratie. On l'appelle à tort liberté tout court. Son nom véritable veut dire : Le privilége d'une certaine classe de citoyens libres. Les Anglais riches ont seulement le privilége de la liberté comme ils ont le privilége de la noblesse; les ouvriers anglais ne votent pas. Dans l'ordre politique, ils ne sont rien. Chez nous, un ouvrier, le temps aidant le hasard et son mérite, peut arriver aux grades civiques les plus élevés.

La bourgeoisie radicale et la démocratie aristocratique, pour arriver à leurs fins, luttent avec habileté de la plume et de la parole ; mais elles n'en trompent pas moins le peuple... Ces choses-là portent malheur... Ecumez, prenez froidement, pour les faire ressortir, toutes les haines, les irritations que le contact des hommes a toujours produites, et que, vous le savez bien, nulle forme de gouvernement ne pourrait proscrire. Spéculez !... amoncelez vos arguments creux, enflez-les du souffle de la discorde.

Si la Providence, dans ses desseins, marquait l'heure des guerres civiles, vous seriez les premières victimes de vos comédies, et ce serait justice.

LA VIANDE A BON MARCHÉ

Les grandes propriétés se divisent tous les jours, et chaque fois qu'un domaine se vend en détail, c'est un ou plusieurs troupeaux de perdus, perdus en préjudice des engrais qui fécondent la terre! perdus au préjudice de la consommation.

*
* *

Les troupeaux de menu bétail appartiennent toujours aux possesseurs des grandes propriétés. Le petit tenancier n'en saurait avoir; il ne peut louer un homme toute l'année pour garder, par exemple, sept ou huit brebis que comporte l'étendue de son bien. Le petit propriétaire, n'ayant pas de menu bétail, ne profite pas du droit qu'il a de faire paître l'herbe des biens communaux.

*
* *

On devrait organiser dans toutes les communes rurales une association forcée, semblable à celle des chemins vicinaux, c'est-à-dire faire travailler, en temps perdu, les dépaissances communales pour les améliorer, puis tenir un troupeau commun à tous, que tous auraient, par conséquent, intérêt à faire bien vivre. Chaque cultivateur aurait un nombre de têtes de bétail proportionné à l'étendue de son bien-fonds, ou à l'estimation des herbes qu'il pourrait fournir, et il aurait nécessairement une part proportionnelle au partage du fumier et aux autres bénéfices ou charges.

Ceux qui n'ont pas de terres auraient droit au revenu du troupeau, dans la proportion des journées faites à la prestation.

*
* *

Malgré la médiocrité des récoltes de ces dernières années, le pain n'est pas extraordinairement cher, grâce, peut-être, aux dernières lois de liberté commerciale. Le commerce libre peut aller chercher le blé partout sans tenir compte des distances. Le bétail coûte plus cher à transporter; il faut entasser avec lui la nourriture nécessaire pour la traversée. Le blé ne mange pas dans la cale des navires. Si l'on veut avoir la viande à bon marché, le moyen le plus sûr est de la produire chez soi en masse.

*
* *

Pour réaliser la première mise de fonds nécessaire à l'achat et à l'installation du troupeau, l'argent ne manquerait pas aux communes. Les banques publiques et privées en regorgent. Bien des fonds inactifs trouveraient là un placement sûr et avantageux.

*
* *

Le travail que nécessiterait l'amélioration des dépaissances serait peu onéreux. Il suffirait de retenir sur place l'eau de pluie en creusant sur les pentes un nombre infini de petits carrés, de telle sorte que l'eau y séjourne. Dans les départements où la pluie est surabondante et dans les pays marécageux, l'amélioration consisterait, au contraire, à faciliter l'écoulement de l'eau; d'ailleurs, pour les travaux à exécuter on pourrait hardiment se fier à l'initiative des communes intéressées.

*
* *

Mon système est également applicable aux régions qui s'adonnent particulièrement à l'élevage du gros bétail; il viendrait accroître le développement de cette branche de production déjà florissante.

*
* *

L'économie de mon projet est incontestable au triple point de vue de la richesse nationale, de l'agriculture et de la consommation.

L'amélioration des dépaissances, faites à temps perdu par les populations rurales, profiterait à ces mêmes populations.

Les engrais des troupeaux fourniraient à l'agriculture un produit recherché et inestimable, qu'on s'efforce aujourd'hui d'obtenir artificiellement et qu'on aurait naturellement sous la main, enfin à l'intérêt général par le fait de la laine et de la viande à bon marché.

*
* *

Le projet en question ne devrait-il profiter qu'à l'élevage en masse du menu bétail, mériterait-il encore une sérieuse attention. Le mouton est un animal d'une grande utilité! Ne fournit-il pas à l'homme la nourriture et le vêtement?

LES RÉUNIONS PUBLIQUES

Je ne sais pas écrire ; j'espérais obtenir la parole dans les réunions publiques, afin de pouvoir, sans frais d'imprimeur, jeter, ne serait-ce qu'au vent, mes idées, notamment au sujet de la viande à bon marché. Je croyais que les réunions publiques avaient pour but de permettre à chacun d'apporter à l'hunanité le contingent, l'obole du progrès qu'il pouvait avoir conçu, progrès qui, ensuite, quelquefois, marchent, grandissent et finissent par s'accomplir.

*
* *

Ne parle pas qui veut dans les réunions publiques. Si on veut se faire écouter, il faut d'abord parler très-mal de tous les impôts. Des impôts il est permis d'en dire tout le mal imaginable, dire même que, si le gouvernement était renversé, peut-être bien les impôts subiraient une forte diminution. Il faut vouloir dire cela, sachant, l'histoire à la main, que lorsqu'un gouvernement fait naufrage, les impôts surnagent toujours, ayant surchargé l'addition des frais de la bourrasque.

*
* *

Dans les temps primitifs, l'impôt était une chose inconnue. Lorsqu'une peuplade avait des différends avec ses voisins, on se battait de part et d'autre avec fureur et acharnement comme des tigres, femmes, vieillards, enfants, tout pêle-mêle, enfin une impitoyable tuerie.

Plus tard, le bon sens indiqua que les plus jeunes, les plus forts devaient s'exercer aux armes, les moins robustes feraient les vêtements, le restant travaillerait la terre. En échange des vêtements, le laboureur donnait du pain, et tous ensemble nourrissaient le soldat qui leur promettait la sécurité. Voilà l'origine de l'impôt et de la civilisation.

*
* *

Pour parler dans les réunions publiques, il faut trouver trop chers les appointements des maréchaux, et vouloir oublier que, lorsqu'il partit, ce maréchal, cent mille hommes partirent le même jour. Il y a quarante ans de cela. Il est parti depuis cent mille hommes de plus. Soit quatre millions d'hommes passés depuis sous les drapeaux. Prenez cent mille épiciers tous les ans, ou tout autres commercants. Suivez-les pas à pas, et vous en verrez, au bout d'une longue carrière, un nombre tout autrement considérable arriver à la fortune. Est-ce bien rare vraiment, de nos jours, un millonnaire? Il en pullule; n'est-il pas juste, d'ailleurs, que chacun puisse trouver la fortune dans la carrière qu'il suit?

*
* *

Voilà le travail qu'il faut faire dans une réunion publique: prendre une position réussie, la présenter avec toute sa magnificence, et négliger avec astuce d'expliquer ce qu'il a fallu de temps, de chance, de mérite, pour arriver à cette position.

Dans le commerce, dans l'industrie, il y a des ennuis, des travers... la faillite... Il faut toujours négliger de parler des ennuis, des travers, de la faillite du soldat!... Le dépôt du bilan sur le champ de bataille... une balle reçue au milieu de la poitrine en défendant l'honneur de la patrie.

Ce genre d'éloquence fera plaisir aux cuistres de toute sorte qui n'ont jamais voulu réfléchir un instant à l'influence que pouvait avoir sur un budget de deux milliards les appointements d'un petit nombre de hauts fonctionnaires.

Ont-ils réfléchi, en outre, aux frais de représentation imposés par la position d'un haut emploi?

*
* *

A présent, si vous voulez plaire à une certaine portion de l'auditoire, prêchez le renversement absolu de tout ce que la science des temps a réussi à former. Voici le speech.

*
* *

« Après moi le déluge ; de gouvernement, nous en voulons peu ou point, pas d'impôts; les tribunaux, chose inutile. Des gendarmes, jamais; quelque événement qui survienne, nous saurons personnellement nous protéger.

Nous sommes robustes, forts ; à sang égal nous devons être plus courageux que le premier venu. Un riche, en offrant sa poitrine au danger, peut regretter sa fortune, un savant son mérite ; que pouvons-nous regretter sur la terre? Est-ce l'ennui de tous les jours?

A propos, on dit que nous sommes un peu vexés de ne pas être millionnaires! Et quand cela serait, faudrait-il conclure de là que nous voulons le bien des autres?

Les voleurs n'appartiennent à aucun parti politique, ce sont tout simplement des voleurs. Le cas échéant, le bien que nous avons nous le ferions respecter, le pistolet au poing.

Lorsqu'une femme passe bien bottée, bien vêtue, fière, jolie, ne trouvez-vous pas qu'elle est trop belle pour être l'esclave d'un seul ?

*
* *

Nous demandons toutes les libertés sans règle ni frein. Aucune discipline imposée par les lois. Les lois, c'est gênant à la fin ! Nous sommes révoltés contre les souffrances de toute espèce de soumission ; tout ce qui est au-dessus de nous nous importune, nous irrite, nous exaspère. Qu'une révolution arrive, nous la désirons de tout notre cœur. Si elle ne donne rien à gagner, tant pis, ça nous amusera tout de même. »

*
* *

Si après cela vous vous hasardez à dire que le mouton est le roi des animaux, on ne vous mettra pas encore tout de suite à la porte; mais poursuivez qu'il est de l'intérêt des grandes villes et de tous les centres d'envoyer à la chambre des hommes qui soutiennent l'extension des colonies, et par le fait les expéditions lointaines, que la marchandise suit le drapeau; dites encore que le gouvernement parlementaire, en faisant voir sa belle voix, laisse tomber le fromage. Enfin, que nous possédons toutes les bonnes et véritables libertés, on vous mettra cette fois-ci à la porte pour tout de bon.

*
* *

Messieurs les protestateurs n'aiment pas à être contrariés. Tous ces artistes de la parole qui déblatèrent de tout, ces génies auxquels la fortune est rebelle nous oppriment le mieux du monde dans les cafés, dans les réunions, partout. Ces gens-là, irrités encore davantage par l'ambition des journalistes, deviennent insupportables, surtout pour les ouvriers qui n'ont pas le moyen de faire bande à part. Il faudra tout à l'heure aller dans les catacombes pour pouvoir dire du bien des institutions supérieures qui nous régissent. Je ne sais pas au juste si le gouvernement a raison de laisser opprimer les siens à ce point.

C'est là, dit-on, un signe de liberté; enfin, puisqu'il en est ainsi, n'en parlons plus. Il vaut mieux encore souffrir de la liberté que de cette autre maladie qui s'appelle despotisme.

*
* *

Par l'initiative de l'empereur, viennent de s'écrouler les dernières traces, les derniers vestiges des lois despotiques et de servage. Et ici je m'adresse à mes pareils. Depuis la suppression du livret et des lois qui lui servaient d'escorte, le peuple est libre de toute entrave. Aujourd'hui nous pouvons fièrement lever la main devant les juges ; notre parole d'honneur est égale devant la loi à celle de celui qui nous occupe... Nous sommes libres ! Prouvons-le ! votons pour soutenir la politique de celui qui, dans tous ses écrits, soit sur le trône, a toujours songé avec persistance au bonheur et à la fierté des classes nombreuses. Soutenons de notre vote le grand citoyen, le fils aîné de la démocratie.

CROS
Ouvrier.

2214 Paris. Typ. Morris père et fils, rue Amelot, 64.

www.ingramcontent.com/pod-product-compliance
Lightning Source LLC
LaVergne TN
LVHW010020230826
846092LV00002B/920
9782019236663